Meinem Vater gewidmet
meiner Mutter auch

Copyright © 2003

Karin Krimmer
Grohmannstr. 18
80933 München
Tel. 089 / 314 36 41
e-mail: karin@krimmer.cc
www.karin-krimmer.de

Grafik: Caro Nesyt

Herstellung: xlibri.de
Druck: WB-Druck Rieden/Allgäu

ISBN 3-935977-37-9

Gratwanderung vom Du zum Ich

Gedichte und Aphorismen

von

Karin Krimmer

Grafiken erdacht und bearbeitet

von

Caro Nesyt

Karin Krimmer versucht ins Leben zu sehen und mit Worten ihre Gefühle und Beobachtungen auf Papier zu malen.

Caro Nesyt unterstützt die jeweiligen Themen treffsicher mit ihren gelungenen Schwarz-Weiß-Grafiken.

„Gerne habe ich Ihre Gedichte gelesen. In ihnen ist aphoristische Prägnanz zu finden, wie zum Beispiel in „Jeder hat das Recht...""

lucy körner Verlag

Jeder hat das Recht
auf seine eigene Blindheit
Dem anderen die Augen zuhalten
zählt nicht dazu

Inhaltsverzeichnis

Zu diesem Buch 13
Momentaufnahme 14
Ausgewogen 16
Honigtopf 18
Absturzgefahr 19
Sehnsucht 20
Sehnsucht an manchen Tagen 21
Proportioniertes Leben 22
Seelenbewegung 23
Verliebt 24
Liebe ist 25
Erdung 27
Siddharta 28
Gewinn 30
Kontrast 32
Worte 35
Welten 37
Verkettung 38
Kreislauf 39
Liebeslebensdauer 40
Entgegenkommen 42
Balance 43
Eigentum 44
Formlos 45
Dualität 46

Partnerschaft	48
Druckfehler	50
Lebensschulung	51
Grenzenlos	52
Neue Sichtweise	54
Übereinstimmung	55
Nähe	56
Eiszeit	58
Weltanschauung	59
Episodenliebe	60
Das gleiche ist nicht dasselbe	61
Portionierung	62
Partnerrolle	63
Krise	64
Liebeswinter	67
Krieg und Frieden	68
Streitende/-anfang	70
Spiegelreflex	72
Identifikation	73
Abwehrmechanismus	74
Actio-reactio	75
(Ver)Schluß	76
Sturmtief	77
Sprachlos	78
Angst	81
Brennpunkt	82
Sprungbereit	85

Brandursache	86
Lodernde Seele	87
Resistenz	88
Kummerfluß	89
Verlustenergie	90
Verbrauchsanweisung	91
Schmerz	92
Trauer (objektiv)	93
Trauer dosiert	95
Entsorgung	96
Flieg' schöner Vogel	97
Realistische Logik	98
Rollentausch	100
Anpassung	101
Suche	102
Freiheit (individuell)	104
Freiheit anders	106
Format	107
Winterphantasie	108
Fortbewegung	110
Gewohnheitsrecht	112
Freundschaft	113
Kind	115
Die Würde des Menschen…	116
Die anderen	117
Fernsehabend	118
Umleitung	119

Selbstlose Menschen	120
Dankbar	121
Seelengänsehaut	122
Kopfarbeit	124
Gedankenaustausch	127
Falsch verbunden	128
Ego	129
Traumhaft	130
Schema F	131
Standpunkt	132
Scheuklappen	133
Kommunikationsdefizit	134
Persönlichkeitsspaltung	135
Scheinwelt	137
Imagepflege	138
Chancengleichheit	139
Spiegelbild	140
Wachstum	142
Freiheit	144
Frieden und Freiheit	146
Heile Welt?	148
Frohes Fest?	150
Bund fürs Leben	152
Gerechtigkeit	153
Glatteis	154

Zu diesem Buch:

In einer meiner vielen Lebensphasen entstanden zwischen 1995 und 1999 diese Gedichte / Aphorismen. Es brauchte zwei weitere Jahre, den Zuspruch meiner Familie und das ständige Rütteln meiner Freundin, bis ich diese Gedanken vom Notizzettel in den Computer transportierte.

Einige, die meine Gedichte lasen, meinten, sie fänden sich in diesem Gedicht wieder, anderen war jener Gedanke näher. Über manche Aphorismen wurde heftig diskutiert, was mich am meisten freute. Aber eine Nachdenk- und Spürhilfe war es für einige.

Warum also nicht für mehr Menschen?

Momentaufnahme

Gedichte schreiben

heißt:

die Seele

wie ein Buch

aufklappen

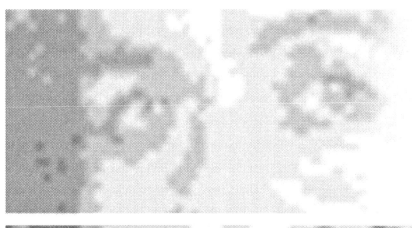
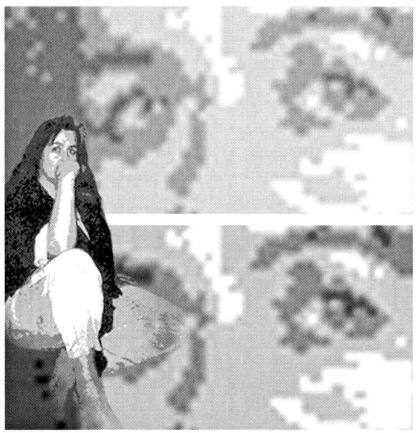

Ausgewogen

Ich fiel aus den Wolken
in Deine Hände

Ich möchte niemandem mehr
in die Hände fallen

ich möchte
darauf getragen werden!

Honigtopf

Wenn ich

von Deinem Honig nasche

bleiben meine Flügel kleben

dabei

würde ich danach so gerne

weiterfliegen

Absturzgefahr

Ob Honigtopf oder Fliegenfänger

passt auf Eure Flügel auf

tot = tot!

Sehnsucht

Meine Freude auf Dich
malt ein Bild mit tausend Farben.

Jede Nuance
wirft den Schatten
Deines Namens zurück.

Jede Figur
zeigt Deine Silhouette.

Jede Blume
duftet nach Erwartung.

Meine Seele lächelt Dir entgegen
und breitet sich freudig aus

um mich in Sehnsucht und Liebe
einzuhüllen.

Sehnsucht (an manchen Tagen)

Mein „Habenwollen"
malt schwarzweiße Bilder
in meine Sichtweise

nagt kleine Löcher
in meine Seele und

legt sich wie ein Bleiband um mein Wohlbefinden

aus Angst und Zweifel, denn

ich habe **mich** nicht

Proportioniertes Leben

Ist es wahr,

dass

die „feinen Unterschiede"

immer

die

gewaltigsten

sind?

Seelenbewegung

Ich fühle Weichheit in mir
intensiv, klar

so,

als wäre meine Seele
an Liebe aufgehängt,

sie federt leicht
und harmonisch nach
ohne anzuecken

Verliebt

Du passt in keine

meiner Schubladen

purzelst frei in mir herum

bringst meine Seele

zum Schwingen

randalierst in meinem Kopf

und

hebst mit einem einzigen Lächeln

meine Welt aus ihren Angeln.

Liebe ist...

- ein Frühstück ans Bett
- ein Blick
- ein Lächeln
- ein Brief
- ein Herz am Badezimmerspiegel
- ein „ich denke an Dich"
- ein Kuß einfach so
- ein „laß' nur, das mache ich"
- ein „Ruhe Dich aus"
- ein Zudecken in der Nacht
- ein Streicheln über's Haar
- ein „ich verstehe Dich" und

...zu oft weiblich

Erdung

Wenn ich mit Dir

auf der rosa Wolke schwebe

ist es nicht egal

welche Füße wieder

auf den Boden kommen

mindestens eines

meiner Beine muß dabei sein

Siddharta

Manche Menschen sind

- wie ein Fluß
- wie ein Bach
- wie ein Rinnsal

jeder entscheidet selbst

Manchmal münden zwei Flüsse

ineinander

begleiten sich eine Weile

bis zur nächsten Gabelung

oder

sie fließen als ein Ganzes ins Meer

um irgendwo als junger Fluß

wieder neu zu entstehen.

Gewinn

- ♥ Du bringst mit Deinen braunen Augen Farbe in mein Leben und ich eine andere in Deines

- ♥ Du hilfst mir jeden Tag meine Toleranz zu trainieren

- ♥ Du zeigst mir Deine Grenzen und ich suche Möglichkeiten damit zu leben

- ♥ Du hilfst mir aus meinem Tief denn Du spürst, dass ich Deinen Beistand brauche

- ♥ Ich habe das Vertrauen, Dir meine Gefühle zu zeigen

Du machst mir das Schwierige leicht
von Deinem Anderssein zu profitieren.

Kontrast

Meine Trauer ist

- heimlich
- versteckt
- diffus
- kaum merkbar
- ein Lichtspiel immer zu tief innen
- schwer erreichbar
  - und deshalb ohne Ende -

Deine Trauer ist

- offen
- klar
- mit Lachen, mit Weinen
- in wechselnder Tiefe
- kurz und doch lang
- natürlicher Bestandteil Deines Alltags
  - für eine begrenzte Zeit -

Ich wünschte
ich könnte

mich

spüren
wie
ich

Dich
erlebe

worte

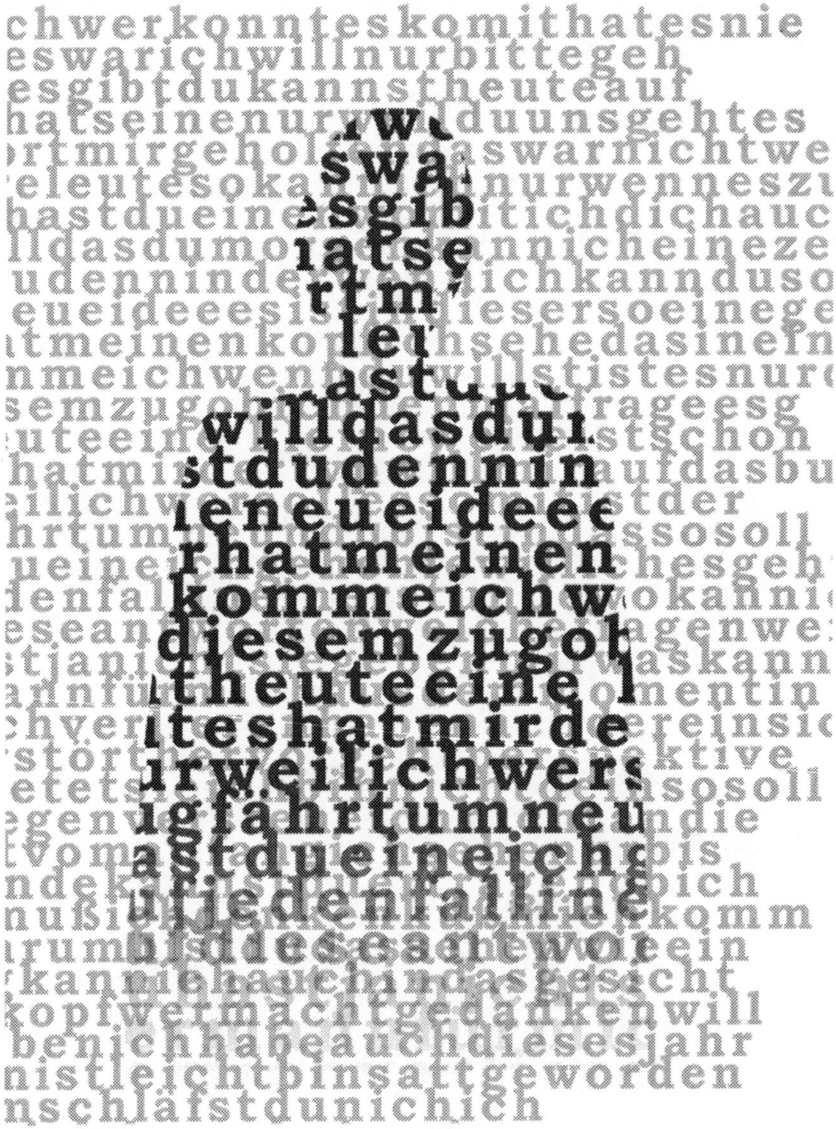

Worte sind nur

Mitteilungshülsen

erst

Du

gibst ihnen

Deinen Sinn.

Welten

Wie ist Deine Welt?

Eine Farbkomposition aus

- Deiner Erziehung
- Deiner Erfahrung
- Deiner Familie
- Deinen Freunden

gemalt mit Deinen Fähigkeiten.

Treffen zwei Bilder zusammen,

können sie nur nebeneinander wirken,

gewaltsam übereinander gehängt

geht mindestens eines davon verloren.

Verkettung

Wir reihen gemeinsame Stunden

wie Perlen aneinander.

Diese Kostbarkeiten verlangen

nach sorgfältiger Pflege

und Behandlung

damit nicht jeder von uns

eines Tages nur

ein Ende

in der Hand hält

Kreislauf

Meine Gedanken
kreisen um ein Thema

hüllen es ein
werfen es hoch wie einen Ball

ich spiele es Dir zu
Du wirbelst es noch einmal
in die Luft

lachst

gibst es ohne Bearbeitungsvermerk
wieder an mich zurück
und
      ich zersplittere es
    in tausend kleine Ängste

Liebeslebensdauer

Liebe hat

kein Haltbarkeitsdatum.

Für die Frische muß

jeder

sorgen

jeden Tag

Entgegenkommen

Manchmal fühle ich mich
in den Schrank gestellt
wie eine Hutschachtel
und warte
bis Du mich
wieder hervorholst.

Meistens
machst Du aber nur die Türe auf
und bist verwundert
dass Dir der Hut

nicht auf den Kopf springt

Balance

wenn ich mich nur

um Dich sorge

hast Du zwei Menschen,

die sich um Dich kümmern

und ich

gar keinen

Eigentum

Bin ich Dein Besitz?

Bist Du mein Besitz?

Wenn ich Dich (be)sitze

erstickst Du

laß' uns Hand in Hand

nebeneinander sitzen

und frei atmen!

Formlos

Ich glaube, eine Ebene gefunden zu haben, auf der wir uns bewegen könnten
        - gemeinsam -
jeder in seiner ursprünglichen Form.

Dort suche ich einen Platz
und warte auf Dich

So kann ich es lassen,
muß nicht
- an Deine Einsicht appellieren
- Dein Leben verändern
- Dich anpassen

Wieso siehst Du nur Deine Ebene
und suchst mit der Feile in der Hand
nach meinen Ecken und Kanten
die Deine Bahn verkratzen könnten?

Dualität

Manche Tränen sind

flüssige Freudenkristalle

Manche Tränen sind

Blutstropfen

der verwundeten Seele

Partnerschaft

Meine Beziehung soll eine

Frühlingswiese sein

mit allen Keim- und

Erneuerungsmöglichkeiten

nicht

ein Schlachtfeld

in dem mit

Kanonen

auf Gefühle gezielt wird.

Druckfehler?

Druck erzeugt

in einem Dampfkessel

ein gutes Ergebnis

aber nicht

in zwischenmenschlichen

Beziehungen

Lebensschulung

Wenn ich

in Deinem Stundenplan

keinen Platz

mehr finde,

hast Du wohl

die falsche Klasse

Grenzenlos

Heute fühle ich mich
wie ein Fisch in einem

wirren
  schäumenden
    stürmischen
      klaren
        sturen
          selbstherrlichen
          ignoranten
          sanften
          tosenden
            allgegenwärtigen
              lebensnotwendigen

                  Männermeer

Neue Sichtweise

Manchmal
möchte ich
meine
neue Brille
nicht
aufsetzen

klarer zu sehen

ist gewöhnungsbedürftig

Übereinstimmung

Ich rede von Liebe

Du redest von Liebe

und dennoch

ist nur das Wort

das gleiche

Nähe

Warum spüre ich

Deine Nähe

nur

wenn unsere Haut

sich berührt?

Eiszeit

4/5 der Eisbergmasse

befindet sich unter Wasser

die Gefahr

lauert schon lange

vor dem Sichtbaren

Weltanschauung

Du lebst in Deiner Welt

Ich lebe in meiner Welt.

Schade

dass wir uns nie

wirklich begegnen.

Episodenliebe

Ich bin nicht der Film
den Du sehen willst

vom Anfang bis zum Ende

Du siehst nur
den Ausschnitt von mir,

den Du

(er)tragen

kannst.

Das gleiche ist nicht dasselbe

Ich sehe das gleiche Blau
des Himmels

wie Du

Ich höre die selben Nachrichten

wie Du

Ich fühle den gleichen Schmerz

wie Du

trotzdem....
denke ich anders

Portionierung

Du sagst

Du gibst alles

aber

alles von wenig
ist
nicht genug

Partnerrolle

Du siehst Dich immer als

Hauptdarsteller

und ich

bin für Dich nur der Statist:

auswechselbar

mit tauschbaren Funktionen

Ich werde künftig

mein eigener Regisseur sein!

Im wahrsten Sinn der Worte:

„Krise" =
„Wendepunkt, Chance
Veränderung der alten Identität"

(Lexikon)

warum nur

will keiner sie haben?

Liebeswinter

Wir haben die Säfte unserer Liebe
zurückgezogen
die Zweige sind nun kahl und
brüchig.
Einzelne Blätter hängen daran
und klammern sich fest mit der
Verzweiflung Sterbender.

Die Erinnerung an die Wärme des
vergangenen Sommers
aktiviert die letzten Kraftreserven.

Hoffentlich kommt das Frühjahr
bevor auch die Wurzeln erfrieren.

Krieg und Frieden

Ich versuche
in Deiner Seele
eine Blume zu pflanzen

stattdessen

betrete ich Krisengebiet
mit Kriegsbeflaggung

- wie im richtigen Leben -

Streitende/-anfang?

Oft freue ich mich auf Dich

kann Dich kaum erwarten

und laufe Dir entgegen

schalte alle Warnsignale aus

bin wie betäubt von dem Gedanken:

„Er ist wieder da".

Nehme alle Sicherheitsseile weg und

erreiche Dich...

Du aber buddeltest inzwischen

Deinen Burggraben um Dich,

fülltest ihn mit Tränen

und ich gehe darin unter.

Meine Seele kämpft wieder

ums überleben.

Spiegelreflex

Du projezierst in mich

Deine Ängste

die entstanden sind

durch Deine Unfähigkeit

etwas zu ändern

aber

ich

bin nicht

Dein

handelndes Spiegelbild

Identifikation

ich soll mich ändern

wünscht Du Dir?

Hast Du mich

denn überhaupt

kennengelernt?

Abwehrmechanismus

Kannst Du meine

Empfindungen nicht einmal

auf Dich wirken lassen

ohne

Deine Bedürfnisse sofort

wie eine Blende

davorzuschieben?

Actio-reactio

Wenn Du mir Worte wie Granaten
entgegen wirfst

wundere Dich nicht

wenn Dich
der Luftdruck der Explosion
an die Wand drückt.

Verletzt werden wir beide.

(Ver-)Schluß

Mit Verletzungen

kenne ich mich aus:

da werden in Sekundenschnelle

alle Seelentüren

gefühlsdicht abgeschlossen.

Nur dumm,

dass verriegelte Türen den Durchlaß

von beiden Seiten versperren.

Sturmtief

Unsere Liebe zerschellt

an den Klippen
Deiner Angst.

Wenn das passiert

denkst Du

es lag nur am Sturm!

Sprachlos

Noch lauter als Streit

ist Schweigen

Angst

Sie schleicht sich an

    lautlos
    unangemeldet
    gewaltig

versucht,

meine Ziele zu verdrängen.

Sie lässt sich nirgends parken

sie verstaut mich

hinter meterhohen Mauern.

Brennpunkt

Ob

Wirbelsturm

Eisberg

oder Leben

Auch inmitten größter Gefahr

gibt es Sicherheit

Man muß sich nur bis

in das Zentrum

vorwagen.

Sprungbereit?

Du bist aus meiner Liebe gefallen

dabei breitete ich sie
wie ein Sprungtuch
für Dich aus.

Es genügt nicht
nur abzuspringen

           man muß auch
               im Ziel
           ankommen

Brandursache

Es ist erstaunlich
wie viele Feuerpfeile
man abschießen muß
um Liebe auszuräuchern.

Oft gelingt es am Ende doch
eine Beziehung
in Schutt und Asche zu legen.

Der Geschmack von Verbranntem
bleibt lange ...

und wenn man noch so oft
mit Schuldzuweisungen gurgelt.

Lodernde Seele

Alles liegt in Schutt und Asche

Ist nun alles zu Ende?

Manche Bäume brauchen erst
einen Kahlbrand,
damit die Samenknospen
aufspringen können.

Resistenz

Mammutbäume in Kalifornien brauchen 2000 Jahre um den (Natur)-Katastrophen trotzen zu können.

Kein Wunder, dass wir das in einem einzigen Menschenleben nicht schaffen.

Kummerfluß

Wie einfach wäre es

wenn Tränen

gleich einem Wildbach

den Kummer aus der Seele spülen könnten.

Leider sind seelische Verletzungen

nicht tränenlöslich

und

Kummerfelsen

nicht auszuschwemmen.

Berge kann man nur langsam abtragen

- Stück für Stück -

Verlustenergie

Schade,

dass sich der Schmerz nicht

verbraucht

wie Batterien, die sich entladen

Das Ende
wäre einfach abzuwarten.

Verbrauchsanweisung

Der Schmerz verändert ständig
seine Form, aber
er verbraucht sich nicht.

Wenn er die Zeit bekommt,
die er braucht,
braucht man ihn
irgendwann nicht mehr.

Schmerz

findet immer seinen Weg

er zwängt sich durch alle Ritzen

früher oder später

er bringt mich weiter

nicht um

Trauer (objektiv)

Wenn ein geliebter Mensch stirbt

bist Du traurig

weil er **sein** Leben verloren hat

oder

weil es ihn in **Deinem** Leben

nicht mehr gibt?

Trauer dosiert

Meine Seele gibt oft
nur einzelne Bilder frei.

Sähe ich den ganzen Film
zur falschen Zeit
zerspränge meine Seele
in tausend Puzzleteile

Wäre dann
ein Zusammensetzen

wieder möglich?

Entsorgung

Man kann Fotos anzünden

Erinnerungen
brennen
nur
auf
der
Seele

Flieg' schöner Vogel

Hoch und weit kannst
Du nicht fliegen

denn die Flügel
hast Du Dir selbst
gestutzt.

Flieg' schöner Vogel!

Laufen mit kurzen Beinen
ist beschwerlich.

Realistische Logik

Wenn Du nicht mehr bei mir bist
- spüre ich Schmerz

Wenn Du nicht mehr bei mir bist
- fühle ich mich verlassen

Wenn Du nicht mehr bei mir bist
- fehlt mir Deine Zärtlichkeit

Wenn Du nicht mehr bei mir bist
- empfinde ich tiefe Trauer

wenn ich nicht mehr bei mir bin

bin ich tot

Rollentausch

Wenn Du das Leben

der anderen lebst

hast Du nichts gewonnen.

Du fällst nur in **fremde** Löcher

ohne Ende

und

ohne Einfluß

Anpassung

Wenn man es warm und hell

haben möchte

muß man manchmal

seine Position verändern

oder

in einen Mantel gehüllt sein,

der den Widrigkeiten

der Kälte strotzt.

Suche

Ich suche Wärme
    und finde lauwarme Gefühle

ich suche Wege
    und finde ausgetretene Pfade

ich suche Liebe
    und finde autistische Seelen

ich suche nichts mehr

    und finde vielleicht

    irgendwann

    mich selbst

Freiheit (individuell)

Freiheit

ist meine eigene innere

Unabhängigkeit

nicht

der Spielraum

den ein anderer mir einräumt.

Freiheit anders

Freisein heißt nicht

sich gewaltsam

aus einer Situation zu befreien

sondern

so frei zu leben

dass man in diese Lage

erst gar nicht kommt

Format

Seid kein Schnittmuster

das andere nach ihren

Bedürfnissen zuschneiden können:

klein

handlich

im Taschenformat

Gebt Euch eigene Formen!

Winterphantasie

Ich folge Deinen Spuren
durch den Schnee

kann Dich nicht einholen
ist es der Weg oder Dein Tempo?

Deine Gestalt
vorher so groß und nah
wird kleiner und kleiner
bis sie sich als winziger Punkt
zwischen den Bäumen verliert.

Ich bleibe traurig und frierend
stehen
drehe mich um
und folge den Spuren des
Sonnenstrahles...

Fortbewegung

Alle Schritte sind wichtig!

Auch wenn sie so klein sind,

dass sie fast auf der Stelle treten,

so dienen sie wenigstens

der Festigkeit

des momentanen Standortes.

Ein fester Standplatz ist das

Sprungbrett für jede Aktion.

Gewohnheitsrecht

Deine Andersartigkeit läuft an mir
vorbei wie ein Film.

Ich werte den Inhalt aus,
wirble vieles durch meinen Kopf
lege manches
in unbewussten Fächern ab
und einiges streift meine Seele.

Mein Filtersystem braucht lange

bis ich bereit bin

Gewohntes auszutauschen
und Neues zu akzeptieren

Freundschaft

ist
sanfter Mairegen für das Gras

vom Sturm getriebene Wolken,
    die sich zu einem Gewitter
    zusammenfinden
    um sich in erlösendem Regen
    auszuschwemmen

sind
sprießende Zweige, Knospen und Blüten
    an verschiedenen Bäumen
    zu unterschiedlichen Zeiten

und
Vögel die 'gen Süden fliegen
    in eigener Form
oder
sich in kalten Nächten
    gegenseitig wärmen.

Kind

Du wächst aus mir,
hinein in Dein Leben!

Ich darf die Wurzeln düngen
aber die Zweige nicht brechen.

Meine Arme solle n schützen
aber nicht einengen,
die Entwicklung nicht hindern

und

müssen wieder loslassen

wenn

der eigene Lebensbaum stark genug ist.

„Die Würde des Menschen ist unantastbar"
(Artikel 1, Grundgesetz)

Weshalb steht nichts vom

Schutz

zertrampelter Seelen

im Gesetzbuch?

Die anderen

Du magst keine Ausländer.

Wenn Du in Urlaub fährst,
kannst Du die Leute
dort
nicht leiden?

Oder magst
Du Dich
dann selbst nicht?

Fernsehabend

Es gibt Tage

da liegt meine Seele frei.

Alle Eindrücke gehen
unzensiert und widerstandslos
nach innen

und

stülpen meine

Zufriedenheit nach außen

wo sie sich im Weltgeschehen

verliert.

Umleitung

Ich staune noch immer
wenn ich erlebe,
welchen Ausdrucksumweg
„Angst"
einschlägt.

Wenn kein stilles Hinhören
möglich ist,

wird im Umfeld alles kurz und
klein geschlagen,

dann hört man wenigstens den
Lärm von Zerbrochenem.

„Selbstlose" Menschen

sind mir suspekt

da weiß ich nie

mit wem

ich gerade spreche…

„dankbar"

   bar des Dankes?

„Selbstlos"

   ohne sich selbst?

Ich möchte nie

ein dankbarer und

selbstloser Mensch sein

Seelengänsehaut

Wenn die Seele friert

ist nicht nur

das Umfeld

zu

kalt

Kopfarbeit

Du magst ihn nicht denken,
zurückschicken,
wünschen,
es hätte ihn nie gegeben.

Aber er drängt sich auf,
macht sich groß
und bohrt sich in alle Ritzen

wiederholt sich wie ein Refrain.

Er wartet

denn er hat Zeit.

Er weiß aus Erfahrung:

Dein Widerstand wird erlahmen

und dann zieht er ein,

baut sich eine Festung,

der Gedanke

wird ein Teil von Dir.

Gedankenaustausch

Wenn ein Gedanke reif ist,

will er ausgedrückt werden,
in Worte verwandelt,
zu Taten gemacht.
Will hinaus aus dem kleinen Kopf
in die große Welt.

Dort balgt er sich mit Geschwistern
um Vorrang
und zieht sich oft beleidigt zurück
um sich irgendwann
gereift oder verändert
wieder auf den Weg zu machen.

Falsch verbunden

Du rufst mich an

und fragst

ob ich

Dir etwas zu sagen habe

Ego

Wenn man Dir

das Wort „ICH"

nimmt,

kollabiert nicht nur

Dein verbaler Ausdruck

Traumhaft

Paßt Du Deine

Träume

Deinem Leben an

oder umgekehrt?

Schema F

Drückt man Förmchen

in den Teig

erhält man leckere Plätzchen.

Drückt man Seelen

in Förmchen

sterben sie.

Standpunkt

Jeder darf so lange

taub

blind

und gefühllos

auf der Stelle treten

bis

er auf den Fuß des anderen springt.

Scheuklappen

Jeder hat das Recht

auf seine eigene Blindheit

Dem anderen

die Augen zuhalten

zählt nicht dazu.

Kommunikationsdefizit

Wenn sich Menschen

nicht verstehen

liegt das häufig

        nicht

an der Unterschiedlichkeit

der Sprache

Persönlichkeitsspaltung

Vorgestern   warst Du Dein Vater

gestern   warst Du Dein Idol

heute   bist Du Dein Ehepartner

morgen   bist Du einsam

weil Du nicht weißt,

wer DU bist.

Scheinwelt

- Du fühlst Dich wohl
- Du bist glücklich
- Du hast gute Freunde
- Du hast einen tollen Job

Weshalb brauchst Du dann

Alkohol als

Fluchthelfer?

Imagepflege

Viele Menschen bewegen sich

lebenslang im selben Umfeld

weil dort

das Persönlichkeitsbild

Jahrzehnte

hindurch

retuschiert

wird.

Chancengleichheit?

Wie einfach wir es haben

wir könnten uns um unsere
Seelen kümmern

während andere
ums tägliche Brot kämpfen.

Wie wenig nutzen wir
unsere Chancen

nur weil wir satt sind?

Spiegelbild

Du bist gegen alles und jedes
keiner macht es Dir recht

von niemandem
fühlst Du Dich verstanden

dabei merkst Du nicht

dass DU alles und jedes bist

und DU Dich selbst nicht
verstehst.

Wachstum

Du klagst um dieses oder jenes.
Manches könnte besser sein
als es ist
Du fühlst Dich schlecht behandelt,
vom Leben im Stich gelassen

und dabei

lebst Du in Freiheit,
mit allen Möglichkeiten der Welt.
Du bist der Gärtner Deines Lebens
und hast alle Werkzeuge
- die Du für Dein Glück brauchst -

in Dir selbst

Freiheit ...

für Ken Saro-Wiwa

    Freiheit pflanzt man in der Seele
    das ist der Anfang

Freiheit
.. geht sie Hand in Hand mit Geist

    bewegt sie sich leise von innen nach außen
    und die Familie profitiert davon

    vielleicht
    kommt auf die Familie an

Freiheit
.. geht sie Hand in Hand mit Geist und Liebe

    bewegt sie sich leise von innen nach außen
    und das Land profitiert davon

    vielleicht
    kommt auf die Regierung an

Freiheit
.. geht sie Hand in Hand mit Geist, Liebe und Mut

   bewegt sie sich leise von innen nach außen
   und die Welt profitiert davon

vielleicht

oder man stirbt daran

Frieden und Freiheit

Der Anfang dieser Worte ist gleich

Wo und wann beginnt Frieden?
Wo und wann beginnt Freiheit?

Alles wächst zuerst in Dir!

DU bist ein Kind friedfertiger Eltern

DU bist Vater/Mutter und lehrst
Dein Kind frei zu leben

DU lernst, den Wunsch Deines
Nächsten zu respektieren und

DU akzeptierst sein Anderssein

Erst wenn

DU

so

frei

bist

friedlich

zu sein,

sind Kriege

nicht mehr nötig.

Heile Welt?

❖ Ich weiß mich unverstanden
wenn mein Mann nicht auf meine
stillen Hilferufe reagiert

❖ Ich erinnere mich an das Kinderspiel
"wer fürchtet sich vor dem schwarzen
Mann" wenn ich ein dunkles Gesicht
sehe

❖ Ich würge im Vorbeigehen den Kloß
im Hals zurück, wenn ich sehe, wie
eine Mutter ihr Kind schlägt

❖ Ich fühle mich fremd, wenn ich in der
U-Bahn andere Sprachen höre

❖ Ich schalte mich schnell vom
Kriegsbericht in die Sketchparade

Frohes Fest?

Solange Hautpigmente über Akzeptanz entscheiden

solange Muslime und Christen nicht Hand in Hand gehen können

solange eine andere Ansicht die Verständigung blockiert

solange Kinder nicht wie Kinder behandelt werden

solange Völkern der Lebensraum genommen wird

So lange werden wir von einem friedlichen Weihnachtsfest nur singen.

Bund fürs Leben

Jemand pflanzte das Gefühl für
Gerechtigkeit in meine Seele

oft kann ich schlecht mit ihr
zusammen leben
wenn ich sehe
wie sie behandelt wird:

getreten
geschunden
geleugnet
gebeugt

aber sie ist da
und mit ihr das Leid,
für den der sie spürt.

Gerechtigkeit

ist ein Diamant
mit vielen Facetten

schillert in den buntesten Farben

hat tausend Gesichter

wird gedreht und gewendet

ist für die „Kleinen" oft nicht
erschwinglich

und
scheint zerbrechlich wie Glas
aber
überlebt Jahrhunderte.

Glatteis

Schwirrende, leuchtende, farbige Pünktchen.

Ein kleines Mädchen hängt an der Sicherheit zweier Elternarme.

Muß das schön sein, in diesem Gerüst das Eislaufen zu lernen!

II

später – allein –

Eislaufen lernen?

Zu groß um gehalten zu werden?
Zu schwer um Stürze
ohne Verletzung zu überstehen?
Die Zeit bis zum Aufrechtstehen
viel zu weit?
Es fehlt die Sicherheit
aus Kindertagen.

III

selbsterlernt!

bringt

auch Freude auf dem Eis:

und

das Gefühl Schiedsrichter

der eigenen Erfolge zu sein!

IV

Wie unterschiedlich sich die bunten Punkte auf dem Eis bewegen:

Braun-weiße Zweisamkeit behindert sich selbst. Keine Sprünge, keine Pirouetten. Statt loszulassen verzichtet sie lieber auf Abwechslung.

Die weiße Schneeflocke wirbelt munter umher. Bevor sich ihr jemand anschließen könnte, versucht sie schon ein Intermezzo mit dem nächsten, dem roten. Ein Bewegungskünstler, der mitleidig vorbei schwirrt an den Klümpchen und zur Höchstform aufwirbelt.

Ein grünschwarzes Doppelpünktchen umrundet
die Eisbahn in gleichmäßigen Zügen als wäre
sie ein Bild, das es einzurahmen gilt.
Mit konsequentem Abstand zu allem, was sich
bewegt, auf Sicherheit bedacht, ohne Aufsehen
zu erregen, ohne Einlagen, ohne Risiko

und immer wieder dazwischen das rote
Pünktchen, das so gerne gegen diesen
grünschwarzen Gleichstrom anwirbeln möchte.

Beobachtet von dichten Punkten, die das Rund
der Eisbahn einsäumen, als müssten sie
bewegungslos alles zusammen halten.

Karin Krimmer

wurde 1952 in München geboren, ist verheiratet und hat einen Sohn.

Sie ist im kaufmännischen Berufsfeld tätig: u. a. als Ausbilderin und Assistentin, arbeitet jetzt als Sachbearbeiterin und unterrichtet u. a. Kaufmännische Buchführung.

Das Gegengewicht hierzu findet sie im Schreiben lyrischer Texte und Kurzgeschichten.

e-mail:
karin@krimmer.cc
Internet: www.
karin-krimmer.de

Caro Nesyt

wurde 1966 in Grafenau geboren, ist verheiratet und hat eine Tochter.

Sie studierte Innenarchitektur und arbeitete einige Jahre als Architektin in München.
Anschließend ließ sie sich zur Grafikerin ausbilden.

Seither illustriert sie Bücher mit Handzeichnungen sowie Computer-Grafiken.

e-mail:
c.nesyt@gmx.de